Martha Riedl

Sticken mit Kindern

Vom eigenen Entwurf zum Bild

frechverlag

Inhalt

Fotos: frechverlag GmbH + Co. Druck KG, 70499 Stuttgart; Fotostudio Ullrich & Co., Renningen

Auflage: 5. 4. 3. 2. 1. | Letzte Zahlen
Jahr: 1999 98 97 96 95 | maßgebend

ISBN 3-7724-1908-9 · Best.-Nr. 1908
Druck: frechverlag GmbH + Co. Druck KG, 70499 Stuttgart

Hallo Stickfreunde!

Sticken mit Kindern macht allen Beteiligten einen Riesenspaß. Die Freude der „Handarbeit“ im ganz wörtlichen Sinn wirkt ansteckend.

Zuerst machen wir uns gemeinsam mit den allernotwendigsten technischen Voraussetzungen vertraut, damit wir anschließend möglichst locker und unbeschwert mit Nadel und Faden umgehen können. Es gibt Kinder, denen es zunächst genügt, wenn sie wissen, wie eine Nadel eingefädelt wird und wie man in den Stoff ein- und aussticht. Sie erproben selbständig das Material und machen spielerisch die ersten Stiche. Manche Kinder wünschen sich etwas mehr Informationen. Diese finden sich ganz gewiß in diesem Buch.

Durch das Buch begleitet uns eine Sticknadel, die auf besonders wichtige Tips hinweist. Also: immer wenn sie auftaucht, heißt es „aufgepaßt“!

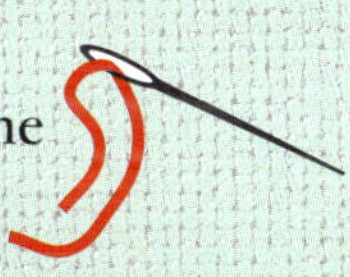

Die im Buch gezeigten Arbeiten sind unkompliziert, setzen keine umfangreichen Zierstichkenntnisse voraus und erfordern deshalb auch keinen riesigen Zeitaufwand. Die Bilder stammen alle aus Kinderhand. Ideen für Bildentwürfe sind überall zu finden, zum Beispiel in Geschichten- und Bilderbüchern, im Fotoalbum, in Reiseprospekten, im Spielzeugkatalog und in der Kunstausstellung. Bereits Grundschüler sind durchaus in der Lage, sich von farbenprächtigen Bildern moderner Maler, wie zum Beispiel Klee oder Hundertwasser, inspirieren zu lassen. Dabei zeigen Kinder eine Frische und Unbefangenheit in der Gestaltung, die sie spielerisch auf immer neue Ideen bringt. Die vielen Abbildungen in diesem Buch wollen ebenfalls dazu anregen.

Das Buch richtet sich an Kinder, Eltern, Lehrer, Jugendgruppenleiter, an alle Junggebliebenen, die sich gerne mit Bildern, Stoffen, Nadel und Faden beschäftigen. Ich habe es geschrieben, weil mich selbst die Arbeit mit Kindern immer wieder begeistert.
Das Sticken selbst verfolgt ja keinen Zweck oder Nutzen. Die einzigste Aufgabe der Stickerei ist es, Dinge schöner und wertvoller zu machen. Diese Freude am Verzieren hat die Menschen schon seit Erfindung der Nadel fasziniert. Sticken ist außerdem eine Freizeitbeschäftigung, die man in jedem Alter, fast an jedem Ort und ohne teure Ausrüstung ausüben kann. Viele hat eine kleine Stickerei schon über trübe Regentage oder Krankheiten hinweggetröstet.

Viel Spaß beim Lesen und Sticken wünscht

Martha Riedl

Hinweise zum Material

Für den ersten Versuch der Kinder finden sich in jedem Haushalt eine Nadel, ein bunter Faden und ein Stück Stoff. Natürlich gibt es für die Auswahl und Zusammenstellung des Stickmaterials auch einige Richtlinien zu beachten.

Das gestickte Bild lebt vom Charakter des Materials (Stoff und Faden), von der Auswahl der Form (Entwurfszeichnung) und von der Zusammenstellung der Farben.

Manche Kinder haben von Natur aus ein sehr gutes Farbempfinden, so daß eine systematische Farblehre nicht zwingend ist. Es hat sich aber bewährt, Kinder mit den wichtigsten Farbgegensätzen (Kontrasten) vertraut zu machen.

- Wir wechseln zwischen hellen und dunklen Farben.
- Wir wechseln zwischen leuchtenden und stumpfen Farben.
- Wir teilen das Bild in größere und kleinere Farbfelder ein.
- Wir kennen warme Farben (Rot, Orange) und kalte Farben (Blau, Grün).

Der Stickgrund

Die Farbe des Stickgrundes soll zum Thema des Bildes passen und muß um so ruhiger und unauffälliger sein, je mehr mit kräftigen und leuchtenden Garnen gestickt wird.

Am besten eignen sich grobfädige und einfarbige Stoffe. Der ideale Stoff für Kinder ist Rupfen oder Jute, in Leinenbindung gewebt. Im Fachhandel ist Rupfen in vielen verschiedenen Farben und Qualitäten erhältlich. Für das Bildersticken eignen sich am besten **Standardrupfen** und **Feinrupfen**.

Ohne weiteres lassen sich auch grobe Baumwollstoffe, Tischdeckenstoffe oder Gardinenstoffe besticken. Oft gibt es preisgünstige Deko- oder Möbelstoffe aus Mischfasern.

Mit spitzen Nadeln und feinerem Garn läßt es sich sogar auf Nessel- oder Jeansstoff sticken. Wem es die Sache wert ist, kann Grobleinen oder schweres Siebleinen verwenden.

Der Stickfaden

Das Garn, mit dem wir arbeiten, soll in der Stärke immer zum Untergrund passen. Grundsätzlich eignen sich alle glatt gedrehten Stick-, Web-, Strick- oder Häkelgarne. Am Anfang arbeiten wir am besten ausschließlich mit Resten von Strickwolle.

Wollgarne
sind in Knäueln zu 50 g und 100 g erhältlich. Wenn kleine Mengen gebraucht werden, empfiehlt es sich, Strängchen zu 20 g zu kaufen.
Die Aufmachung in Knäueln ist allerdings preiswerter als die Verpackung in kleinen Strängen.

Baumwollgarne
sind die klassischen Stickgarne. Für die Jüngsten eignet sich am besten das **Mattgarn**. Der Faden ist gut gedreht und kann sich deshalb nicht spalten. Das Material verarbeitet sich weich und ist in vielen Farben erhältlich.
Für spezielle Arbeiten kann **Sticktwist** Verwendung finden. Dieser Faden läßt sich leicht spalten. Er ist auch unter dem Namen Spalt- oder Teilgarn bekannt.
Die sechs dünnen Einzelfäden sind nur lose zusammengedreht und können sechsfach, dreifach, zweifach und bei ganz feinen Arbeiten auch einzeln verarbeitet werden.
Perlgarn ist ein stark glänzendes, wie eine Kordel gedrehtes Garn. Es ist nicht nur in verschiedenen Farben, sondern auch in unterschiedlichen Stärken erhältlich.
Werden größere Mengen Baumwollgarn in einer Stärke benötigt, so ist es preiswerter, Baumwollgarne auf dem Knäuel zu kaufen.

Spezialgarn
gibt es neben dem Standardangebot im Fachhandel in reicher Auswahl. Für eine Stickerei auf Leinengrund verwenden die Profis natürlich auch echtes Leinenstickgarn oder dänisches Blumenstickgarn. Sogar Seidengarne werden zum Sticken verwendet. Auch Fäden aus Chemiefasern, Metallfäden, Effektgarne (siehe Seite 22), handgesponnene Wolle oder Dochtwolle (siehe Seite 39 beim Esel) können eine Arbeit bereichern. Für die Aufnähtechnik sind auch ganz dünne Nähfäden nützlich. Für diese Technik lassen sich auch Bändchen, Schnüre, Leder- oder Stoffstreifen verwenden. Bei der Ente auf Seite 25 ist sogar eine Luftmaschenschnur aufgenäht.

Das Werkzeug

ist sehr preiswert. Im Grunde reichen einige Sticknadeln und eine Schere.
Für grobe, zählbare Stoffe empfiehlt sich eine stumpfe, für feine Arbeiten eine spitze Nadel. Die gängigsten Nadelstärken, die für unsere Arbeiten in Frage kommen, sind die Stärken 18, 20, 22. Dabei gilt: je höher die Nummer, desto feiner ist die Nadel.

Die Nadelstärke ist dann richtig,

... wenn sich der Faden gut einfädeln läßt.

... wenn sich der Stoff gut durchstechen läßt.

... wenn der Stickfaden das gestochene Loch ausfüllt.

Die zwölf wichtigsten Stiche

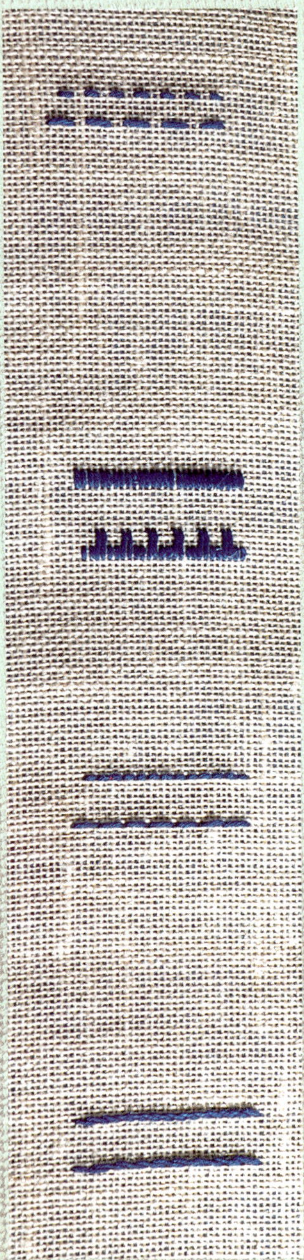

Der Vorstich

heißt auch waagrechter Stich, liegender Stich, Heftstich oder Reihstich. Er ist der einfachste Stich. Durch verschiedene Stichlängen und Reihen entstehen hübsche Muster.

Auf den Gemälden der beiden Holbeins aus dem 16. Jahrhundert sieht man Gewänder mit dieser Stickerei. Deshalb heißt der Vorstich auch Holbeinstich.

Der Spannstich

heißt auch senkrechter Stich, stehender Stich, Plattstich, Flachstich, Wickelstich oder Gobelinstich. Er ist leicht zu sticken, muß aber gleichmäßig gearbeitet werden, damit er gut aussieht.

Der Steppstich

ist ein wichtiger Linienstich. Er besteht aus gleichlangen, ganz eng aneinanderstoßenden Stichen.
Wenn zwischen den Stichen eine Lücke gelassen wird, heißt er Rückstich oder Hinterstich.

Der Stielstich

ist ein sehr dekorativer Linienstich.
Seinen Namen hat er, weil man ihn gerne für Stiele und Zweige verwendet. Auf der Rückseite sieht er aus wie der Steppstich.

Die zwölf wichtigsten Stiche

Der schiefe Stich

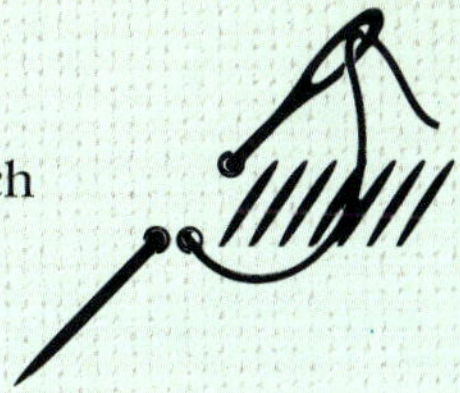

ist ein sehr vielseitiger Stich. Ganz eng gestickt heißt er auch Petit point. Ganz klein und in verschiedenen Richtungen gestickt, ist er als Perl- oder Sandstich bekannt.

Der Überfangstich

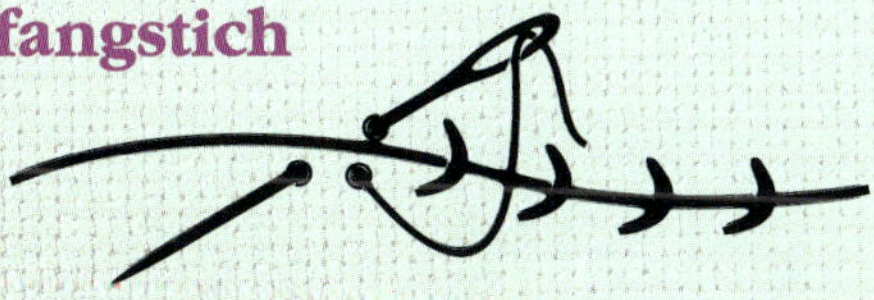

heißt auch Aufnähstich, Überwindelstich, Klosterstich oder Sparstich.
Mit ihm lassen sich nicht nur Stickgarne, sondern auch dicke Schnüre, Luftmaschenketten, Leder- oder Metallstreifen aufnähen.

Der Kettenstich

kann von oben nach unten und von rechts nach links gearbeitet werden.
Er eignet sich sehr gut für Bogen- und Blütenformen. Als Blüte angeordnet, heißt er Margeritenstich.

Der Zickzackstich

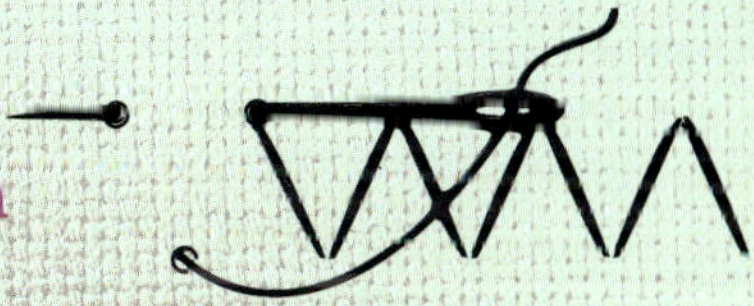

ist sehr beliebt und dekorativ.
Er läßt sich in der Höhe und in der Breite verändern und sowohl für Bordüren als auch für Flächenfüllungen verwenden.

Die zwölf wichtigsten Stiche

Der Hexenstich

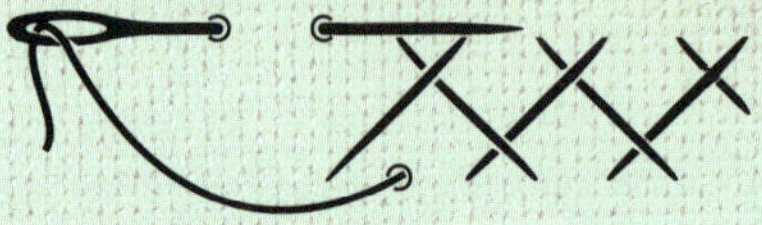

erfordert schon etwas Erfahrung im Sticken. Er kann in der Höhe und in der Breite verändert werden. Auf der Rückseite entstehen zwei Reihen Rückstiche.

Der Kreuzstich

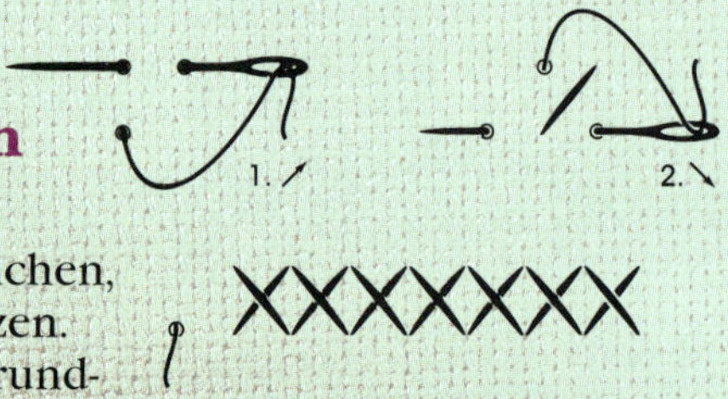

besteht aus zwei Einzelstichen, die sich kreuzen. Zuerst den Grundstich von links unten nach rechts oben und darüber den Deckstich von links oben nach rechts unten sticken. In der Geschichte der Stickerei spielt der Kreuzstich eine ganz wichtige Rolle.

Der Schlingstich

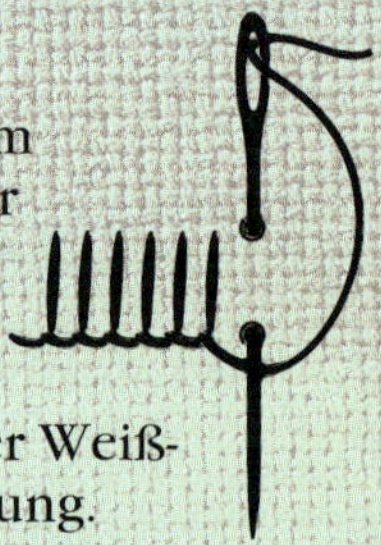

hat seinen Namen davon, daß beim Sticken immer eine Schlinge unter die Nadel gelegt werden muß. Man nennt ihn auch Feston- oder Langettenstich. Er wird gerne als Kantenabschluß verwendet. In der Weißstickerei ist er von großer Bedeutung.

Der Sternstich

besteht aus vier Einzelstichen. Er ist als Reihe oder Einzelmotiv sehr dekorativ. Die schrägen Stiche lassen sich so verändern, daß jeder Stern ein Quadrat ausfüllt.

1. 2. 3. 4.

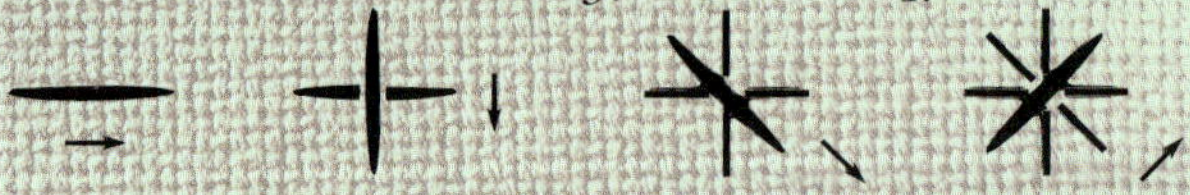

Jochen hat seinen Indianer zuerst als Bild gemalt und dann den Entwurf frei auf das Tonpapier übertragen.

Wir zeichnen mit Nadel und Faden

Die meisten Kinder zeichnen und malen von Natur aus gerne. Es empfiehlt sich, Kinderzeichnungen in jedem Fall zu sammeln. Neben der Wortsprache kennt das Kind die „Bildsprache“. Kinder haben im Gegensatz zu Erwachsenen keine Probleme, sich bildlich mitzuteilen. Deshalb hier ein Wort an die jüngsten Leser: Ihr müßt keine Figuren oder Bilder nachmachen, erfindet sie lieber selbst!

Die in diesem Buch gezeigten Stickereien sind alle nach eigenen Entwürfen entstanden. Sobald die Kinder ihre ersten Erfahrungen in der Sticktechnik gemacht haben, entwickeln sie ein sicheres Gespür dafür, was sich verwirklichen läßt. Schon die Fünf- bis Siebenjährigen zeichnen einfache Figuren, die sich leicht im Vorstich nachsticken lassen, und bereits im Kindergartenalter haben Mädchen und Buben Spaß am **Fadenzeichnen**.

Die Technik ist denkbar einfach. Also aufgepaßt:

1 Umrisse einer Figur auf weißen oder farbigen Fotokarton zeichnen.

2 Die Linien mit einer spitzen Nähnadel etwa im Abstand von 1 cm lochen.

3 Mit kräftigem Garn auf der Linie Vorstiche nähen.

4 Eine zweite Reihe Vorstiche in die Lücke setzen, so daß sich eine geschlossene Linie ergibt. Fäden auf der Rückseite verknoten oder festkleben.

Wir zeichnen mit Nadel und Faden

Fadenzeichnen ist auch auf Stoff möglich. Ich erkläre die Arbeit am Beispiel vom lachenden Gesicht.

1 Kopf auf Papier zeichnen und ausschneiden.

2 Papier auf Rupfen mit Stecknadeln befestigen und die Umrisse mit einem weichen Bleistift oder Holzfarbstift nachzeichnen. Man kann auch Kreide oder wasserfeste Filzstifte verwenden.

3 Augen, Nase und Mund frei aufzeichnen. Wer die Skizze vom Papier ganz genau in allen Einzelheiten auf den Stoff übertragen möchte, kann natürlich auch Kohlepapier unter die Zeichnung legen und alle Linien mit einem Kugelschreiber durchdrücken.

4 Alle Linien mit Vorstich nachsticken, Stichlänge ca. 0,5 cm. Der Stickfaden soll so dick sein, daß er den Strich der Vorzeichnung verdeckt.

5 Eine zweite Reihe Vorstiche in die Lücke setzen. Bei genauer Arbeit zeigen Stoffober- und unterseite genau das gleiche Muster.
Selbstverständlich können Geübte diese Linien auch im Steppstich, Stielstich oder Überfangstich nachsticken.

6 Bei Bildern kann der Arbeitsfaden auf der Rückseite verknotet oder verklebt werden. Bei Gebrauchsgegenständen sollte der Faden auf der Rückseite immer wenigstens 6 Stiche lang vernäht werden.

Für die Befestigung der Zöpfe wurde der Überfangstich verwendet. Ansonsten reichen für die Gesichter waagrechte und senkrechte Stiche.

Sven 16

Ein Ausflug mit der Bimmelbahn

Eisenbahn und Kinderbähnchen sind bei den meisten von uns mit erfreulichen Erlebnissen verbunden. Kein Wunder, daß sich die Kinder mit einer wahren Begeisterung daran machen, ihren eigenen Waggon zu sticken.
In der Hauptsache braucht man nur zwei verschiedene Stiche zu kennen, nämlich **Vorstich** und **Spannstich**.

Den senkrechten Stich finden die Kinder ganz toll. Man kann mit ihm sehr viel anfangen. Meine Schüler und ich haben einmal verschiedene Formen des Spannstiches zusammengetragen, wie man ihn zum Bildsticken verwenden kann.

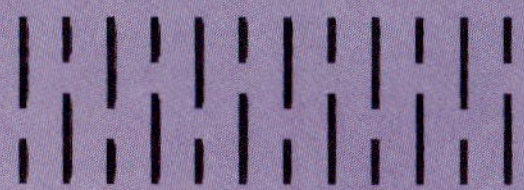

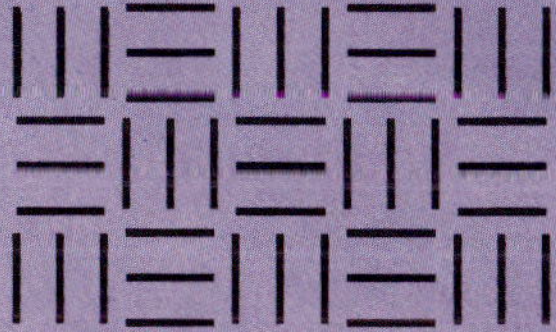

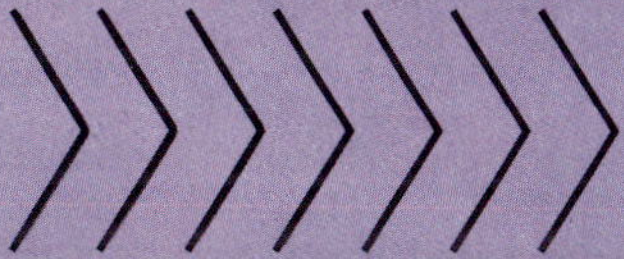

Wir fingen zuerst ganz einfach an und stickten alle ein gerades Stück als Schiene.

Als Stickgrund verwendeten wir Standardrupfen, und der Spannstich war vier Fäden hoch. Beim Waggon und dessen Verzierung kamen wir auf weitere Formen, und das Rad brachte die kleinen Stickkünstler dann ganz von selbst auf die Sternform. Alle im Buch erklärten Stiche können beim Sticken der Bimmelbahn verwendet werden.

So blicken die Reisenden bald vergnügt aus dem Fenster: Zuerst entsteht ein Rechteck als Oberkörper, darauf kommt der Kopf. Wer Lust hat, stickt Arme davor, und ganz Geschickte lassen ihre Fahrgäste sogar winken.

Handgestickte Schreibschrift

Dinge, die einen Namen tragen, sind immer etwas Besonderes, deshalb macht es auch Spaß, den eigenen Namen zu sticken. Aus diesem Grund waren auch meine acht- und neunjährigen Schüler interessiert, den Stielstich nicht nur in gerader Reihe zu erlernen, sondern die Schreibschriftbuchstaben damit zu sticken, um auf diese Weise eine ganz persönliche Tasche zu erhalten.

Und noch ein ganz großer Vorteil: Eine Tasche, die mit dem eigenen Namen versehen ist, geht nicht so schnell verloren.

Am besten wird die Schreibschrift auf kariertem Papier vorgeschrieben. Wenn die Höhe und Länge des geschriebenen Wortes vorliegen, kann der Name mühelos richtig plaziert werden.

Dafür empfehle ich drei Möglichkeiten:

1. Namen nach der Vorlage frei nachschreiben.
2. Papiervorlage auf der Rückseite mit Bleistift anschwärzen und durchdrücken.
3. Kohlepapier oder Schneiderkopierpapier unterlegen und durchschreiben.

Auf der gezeichneten Linie kann die Schrift nun mühelos im Stielstich, Kettenstich oder Steppstich gestickt werden.

Wunderblumen

Ein absolut erfolgssicheres Thema ist die „Blume". Jedes Kind mit fünf Jahren kennt die Elemente Stiel, Blüte und Blätter und kann auf Grund dieses Wissens eine Blume gestalten: Auf dem dunklen, samtartigen Stickgrund durften die Kinder ihre Blumen direkt mit Tafelkreide aufmalen und dann beim Sticken die Blütenblätter beliebig ausgestalten.
Als Stickgrund diente hier ein samtartiger Möbelstoff, Stickmaterial sind Leinen und Baumwollgarne.

Baumkönig

Wie die Blumen, so sind auch Bäume gut zu gestalten. Damit die Baumkrone nicht zu eintönig wird, kann der Baum ein Gesicht bekommen, oder er wird zum Baumkönig gekrönt. Auf der nächsten Seite ist zu sehen, wie der Baumkönig entstanden ist.

Der Papierentwurf für den Baum kann frei gezeichnet sein (Anregungen aus der Natur oder aus Büchern). In unserem Beispiel wurde der Baum zunächst frei gezeichnet. Damit der König aber gleichmäßig (symmetrisch) wird, haben wir den Baum in der Mitte gefaltet und doppelt ausgeschnitten.

1 Papierentwurf ausschneiden und auf den Stoff legen.

2 Umrißlinien mit Filzstift auf den Stoff übertragen.

3 Alle Hauptlinien sticken, entsprechende Farben auswählen.

4 Innenräume mit verschiedenen Farben und Stichen füllen.

Rosalia, die Schnecke mit dem großen Haus

Ähnlich wie der Baum läßt sich auch eine Schnecke sehr gut sticken. Zuerst kommt eine Reihe „fadengerader" Wickelstich als Gras, auf dem die Schnecke kriechen kann.

Der Schneckenkörper stellt von der Gestaltung her keine Ansprüche. Yvonne hat den Körper ihrer Schnecke ganz einfach mit Spannstichen ausgefüllt. Durch die feine Farbabstufung und den Materialwechsel wirkt das Bild sehr lebendig. Das rosarote genoppte Spezialgarn macht den Schneckenkörper besonders natürlich.

Das Schneckenhaus ist durch die Auswahl der Farben und die Abwechslung der Stiche zu einem wahren Prachtstück geworden. Am Fühlerende trägt Rosalia stolz zwei Perlen. Die kleinen Perlen an den Augen wurden durch Pailletten unterlegt.

Das sollte jeder Sticker wissen:

Beim „fadengebundenen" Sticken richtet sich die Anordnung der Stiche nach den Fäden des Gewebes (Gras, Körper).

Beim „freien" Sticken wird auf vorgezeichneten oder gedachten Linien gearbeitet (Haus, Blume).

Der mobile Teddybär

Der Teddy war schon immer ein Liebling der Kinder. Früher mußte er ordentlich auf dem Kinderbett liegen oder in der Sofaecke sitzen. Heute ist auch der Bär mobil geworden. Teddy geht spazieren (vgl. Seite 40), fährt Roller (Seite 18), oder er nimmt sich gar ein Flugzeug (vgl. Seite 41).

Manuel läßt seinen Teddybär mit dem Ruderboot fahren. Die Wasserwellen hat er durch bewegte Stiche und verschiedene Blautöne zum Ausdruck gebracht.

Marc

Marc und seine gefiederten Freunde

Das Federkleid von Vögeln, Hühnern und Enten gibt in seiner Farbigkeit und Struktur immer Impulse zur Gestaltung.

Der achtjährige Marc hat bei seiner Ente, die Sie auf Seite 24 sehen, durch die Anordnung der einzelnen Stichreihen und die gekonnte Farbauswahl eine „typische" Ente dargestellt, obwohl er als Füllstich ausschließlich den Wickelstich verwendet hat.

Die bunte Ente auf rotem Grund erinnert eher an ein Spieltier.
Heikes Ente ist sehr selbstbewußt und farbenfroh gestaltet. Sie bringt einen Farbtupfer in jedes Kinderzimmer. Die Wasserwellen aus Luftmaschenschnüren lassen die Ente geradezu sichtbar schaukeln.

Rundgang in der alten Stadt

Wenn wir bei einem Altstadtbummel oder einem Ausflug die Häuserfassaden einer Stadt in ihrer Vielfalt betrachten, kommt oft der Wunsch auf, diesen Eindruck festzuhalten. Aus diesem Bedürfnis heraus entstehen Fotos, Gemälde, Gobelins und gestickte Bilder.
Wenn ein bestimmtes Gebäude wie zum Beispiel eine alte Burg oder ein Stadttor wiedergegeben werden soll, so kann man auch ein Foto zu Hilfe nehmen. Kindern macht es meist mehr Spaß, ihre Bildbausteine nach eigenen Vorstellungen aneinanderzureihen. Durch die Abwechslung von Türmen und Häusern (schmal und breit, hoch und flach) ergibt sich wie von selbst eine gute Gliederung beziehungsweise Spannung in der Komposition.

Hier zwei Arbeiten zum Vergleich. Beachte:

1. Formenaufbau
   (rund, eckig, schmal, breit)
2. Farbauswahl (siehe Seite 4)
3. Sticktechnische Gestaltung
   (Wie viele verschiedene Stiche wurden verwendet?)

- Vorstich - Stielstich
- Spannstich - Steppstich
- Zickzackstich (Seite 27)

Prächtige Schmetterlinge und Fische

Alle Kinder (und nicht nur die Kinder) lieben bunte Schmetterlinge. Sie erinnern uns an Sommer, Sonne, bunte Wiesen, Freizeit. Kinder malen Schmetterlinge mit aufgeklappten Flügeln und einem kräftigen Körper.

Der Entwurf gelingt am besten im Faltschnitt:

Der halbe Schmetterling wird so auf das gefaltete Papier gezeichnet, daß die Körperseite an der Bugkante (Falzkante) liegt.

Der Schmetterling wird nun doppelt ausgeschnitten und aufgeklappt, so werden die Flügel genau gleich.

Das Übertragen auf Stoff geschieht wie auf Seite 21 beschrieben.

Auf den Körper des Schmetterlings wurde Tüll aufgenäht, das entspricht der Zartheit des Tieres. Martina hat ihren Schmetterling zu einer Wandtasche weiterverarbeitet.
Bei einer Meinungsumfrage über die Beliebtheit von Tiermotiven dürften Fische kaum hinter den Schmetterlingen zurückstehen. Beim Malen der Fischmutter mit ihren Jungen zeigten die kleinen Künstler große Begeisterung.
Bei den Fischen wurden Vorstiche, Steppstiche, Stielstiche und Wickelstiche verwendet. Beim mittleren Fisch entsteht durch die besondere Anordnung der Vorstiche ein zusätzlicher Mustereffekt.

Im Land der Dinosaurier

Wer heute Kinder nach ihren Lieblingstieren fragt, hört neben den altvertrauten Namen oft eine umfangreiche Aufzählung von Urwelt-Giganten.
Wir blätterten in vielen Bildbänden, und schon bald stand der Entschluß fest, eine umweltfreundliche Safaritasche mit Sauriermotiv zu besticken. Aus dem restlichen Stoff entstanden originelle Saurier-Bilder, bei denen der ganze Tierkörper bunt ausgestickt wurde (siehe Seite 31).

TINA
SUSANNE
ANDREAS
THOMAS
SUSANNE

SVEN
MARKUS
FLORIAN
TINA
DANIEL
BEATE

Kinder aus aller Welt – ein Bildteppich entsteht

Oft entsteht der Wunsch, eine großflächige Stickerei zu erstellen. Die Gründe sind ganz verschieden. Manchmal suchen mehrere Kinder ein gemeinsames Geschenk. Ein Verein oder eine Jugendgruppe feiert ein Jubiläum. Ein Gemeinschaftsraum in der Schule, im Kindergarten, in der Kirche oder in einem anderen öffentlichen Gebäude soll ausgeschmückt werden. Für solche Aufgaben bieten sich zwei Möglichkeiten an:

1 Ein Entwurf wird gezeichnet, auf die gewünschten Maße vergrößert und dann in so viele Teile zerschnitten wie es Mitwirkende gibt. Auf diese Weise entstehen großflächige, monumentale Bilder. Die Gruppe, die die einzelnen Flächen stickt, muß sehr gut harmonieren und das Material sowie die Farbübergänge genau aufeinander abstimmen.

2 Die andere Möglichkeit haben wir bei unserem Teppich verwirklicht. Wir wählten das Thema: „Kinder aus aller Welt". Dieses Thema eignet sich sehr gut für die Aufteilung in Einzelbilder. Das hat den Vorteil, daß jeder auch seinen eigenen Entwurf in die Stickerei umsetzen darf. Jedes Kind konnte wählen, ob es ein Kind aus einem europäischen oder außereuropäischen Erdteil, einen Freund oder sich selbst bei einer Lieblingsbeschäftigung darstellt.

Gernot entschied sich zum Beispiel sofort für einen Eskimo, Christiane für einen Indianer, während Thomas sich selbst vor seiner Tischtennisplatte darstellte.
Micha zeichnete sich mit dem Fußball im Garten, und Monika stickte ein Mädchen beim Flötenspielen (vgl. Seite 48). Stefan zeigt sich als stolzer Fußballspieler vor dem Tor. Interessant ist, wie er das Netz des Fußballtores beim Sticken nachempfunden hat (siehe Abbildung Seite 35).

Es machte viel Spaß, gemeinsam zu sticken und doch verschiedene Bildmotive zu entwickeln. Miteinander überlegten wir dann, in welcher Reihenfolge wir die Bilder zusammensetzen. Nachdem alle Kinder einen blauen Rahmen gestickt hatten, nähte ich als Verbindung zwischen den Einzelbildern blaue Stoffstreifen auf.

Der fertige Teppich ist etwa 1 m hoch und 1,60 m breit und hängt in der Pausenhalle unserer Grundschule. Damit die kleinen Künstler nicht anonym bleiben, ist jedes gestickte Bild mit Namen versehen, so erhält die Gemeinschaftsarbeit auch eine persönliche Note.
In diesem Fall wurden die Namen in großen Blockbuchstaben aus senkrechten, waagrechten und schiefen Stichen gestickt.

STEFAN
R

Gestickte Märchen und Erlebnisse

Erzählungen, Märchen, Bücher und Filme beflügeln die Gestaltungsfreude der Kinder. Je jünger die Kinder, desto impulsiver und freier gestalten sie. Erfreulicherweise bewahren sich manche diese Gestaltungsfreude und Fähigkeit bis ins Erwachsenenalter.
Die Motive stammen aus der Erlebnis- und der Phantasiewelt, oder Begegnungen und Eindrücke werden zu neuen Bildern verarbeitet.

Kinder haben das gesunde Bedürfnis, ihre Bildkomposition auf einen „festen Boden" zu stellen. So entstehen am unteren Bildrand oft Gras, Blumen oder einfach eine Bodenlinie. Am oberen Bildrand finden sich gern Wolken und Sonne ein. Durch diese liebenswerten Ergänzungen erhält das Bild seine Originalität und den inneren Zusammenhang.
Mit Begeisterung sticken die Kinder einen Rahmen um ihr Bild und geben ihm so eine harmonische Abgrenzung. Für diesen „Rahmen" eignet sich am besten der Spannstich.

Stefan hat um sein Bild mit dem Indianer am Feuer zuerst mit blauem Garn einen Rahmen gestickt und dann die Feuerstelle, die knienden Indianer und die Wolken im Raum angeordnet.

Zu beachten ist, daß für den Anzug echte Stoffe aufgenäht wurden. Diese Technik nennt man **Applikation**. Der ausgeschnittene Stoff wird mit Stecknadeln befestigt oder leicht angeklebt und dann mit kleinen Stichen mit einer spitzen Nadel befestigt (vgl. auch Bild S. 35).

Ein heller Frühlingstag ist auf dem unteren Bild gestickt. Die Blütenfängerin ist auf grünem Dekostoff gearbeitet, der in seiner Struktur eine Wiese nachempfindet. Die Blätter des Baumes sind einzelne Kettenstiche, die Blüten entstanden aus kleinen schiefen Stichen. Der helle Holzrahmen gibt die passende Begrenzung.

Motive mit Bäumen sind immer ansprechend, so hat auch Michael seinen "Urmenschen", wie er ihn selbst nannte, unter den Schatten eines Baumes gestellt (siehe S. 38 oben).
Typisch für ein Bild aus Kinderhand ist die Sonne. Ob nur am Bildrand angedeutet oder im vollen Rund, sie strahlt immer eine positive Stimmung aus.

Wenn Anette mit Mutter und Schwester einen Spaziergang im Grünen macht (unten auf S. 38), darf der Sonnenschein ebenfalls nicht fehlen.

STEFAN

Außer eigenen Erlebnissen regen viele Märchen zum Sticken an. Ein Paradebeispiel sind die Bremer Stadtmusikanten, die Sie auf dieser Seite sehen.

Andere Märchen oder Kinderbücher, die schöne Stickmotive bieten, sind zum Beispiel:

- Die kleine Hexe
- Die Prinzessin auf der Erbse
- Sterntaler
- Frau Holle
- Rapunzel
- Rumpelstilzchen
- Zwerg Nase
- Schneewittchen
- Der Regenbogenfisch.

Die Reihe ließe sich noch lange fortsetzen und durch immer neue Kinderbücher mit sehr ansprechenden Illustrationen ergänzen.

Teddy mit Schirm

Evas Teddy spaziert im Regen. Der gestickte Rahmen entstand aus Vorstichen, durch die dann einfach ein Faden in der gleichen Farbe durchgeschlungen wurde. Der Pullover ist mit Sandstichen ausgefüllt. Das Dach des Schirmes hat sie aus der Entwurfszeichnung herausgeschnitten, auf Stoff aufgelegt, nachgezeichnet und ausgeschnitten. Der Stoff wurde mit Nähseide mit ganz kleinen schiefen Stichen auf dem Grundstoff befestigt. So erhielt der Teddy einen modischen Schirm.

Sticken und Malen

Die drei Motive von Seite 41 sind in der **kombinierten Technik** Sticken und Malen ausgeführt. Dazu eignen sich am besten Stoffmalstifte, die entweder durch Trocknen oder durch Bügeln fixiert werden. Der Farbauftrag mit dem Stift ist für Kinder unkomplizierter als mit dem Pinsel.

Bei dem mittleren Motiv „Geheimzeichen“ kam die Anregung aus einer Bildbetrachtung bei Paul Klee. Am besten werden zuerst die Umrißlinien gestickt. Erst wenn die Stickarbeit beendet ist, beginnt das Malen. Die Stoffmalerei ist einfach durch Bügeln zu fixieren.

Die Reise mit dem Segelboot

Eine Reise mit dem Segelboot reizt vor allem alle Abenteuerlustigen und Weltenbummler. Zum gleichen Thema kommen altersgemäß ganz verschiedene Ergebnisse zustande.

Der achtjährige Albert hat das Boot auf eine ganz einfache und klare Form reduziert. Alle Teile sind aus Filz ausgeschnitten und appliziert. So entsteht fast eine plakathafte Wirkung. Mit Stoffmalstiften sind noch einige Ergänzungen angebracht. Zusammen mit dem dunkleren Hintergrund und einem tiefblauen Schrägstreifen an der Längskante entsteht dann mit Hilfe der Nähmaschine eine hübsche Wandtasche.

Das Segelboot des 13jährigen Christoph ist schon ein perfektes Kunstwerk. Belesen in der Kunst der alten Seefahrer, sind ihm alle Details wichtig. Als gewandtem Sticker fehlt es ihm nicht an Einfallsreichtum, um das Schiff möglichst naturgetreu erscheinen zu lassen. Selbstverständlich ist auch die Besatzung an Bord.

Maske

Bei der Maske, die übrigens auch auf den Kopf gestellt werden kann, sind die einzelnen Farbfelder im Vorstich ausgefüllt. Dabei paßt sich die Stichführung der auszufüllenden Form an.

Bunter Papagei

Der bunte Papagei wurde auf grobem Rupfen gestickt und die Form anschließend mit einem etwa 1 cm breiten Rand ausgeschnitten.
Der Stoffrand, der über das gestickte Bild hinausragt, wurde nach hinten umgebügelt, damit die Bugkante des Stoffes möglichst genau mit dem gestickten Rand abschließt. Das so versäuberte Bild konnte nun auf den dunkelbraunen Untergrund appliziert werden.
Die gleiche Technik fand auch bei der Ente auf Seite 25 Anwendung.

Weiterverarbeitung der vollendeten Stickerei

Bügeln

Das fertige Bild muß sorgfältig gebügelt werden. Bei unserer Arbeit gilt für das Bügeleisen die Einstellung Baumwolle.

Achtung: Bügeln heißt aber nicht plattdrücken!

Beim Bügeln von Stickereien immer eine sehr weiche, dicke Unterlage verwenden.

Stickerei von der Rückseite bügeln, damit der Stickfaden auf der Vorderseite erhaben bleibt.

Feuchtes Tuch oder Dampfbügeleisen verwenden.

Spannen

Wenn das Bild gerahmt werden soll oder wenn durch das Sticken der Stoff etwas zusammengezogen wurde, sollte es gespannt werden.
Wenn das Dampfbügeleisen nicht genügt, kann der feuchte Stoff mit Stecknadeln aufs Bügelbrett gesteckt werden. Im gespannten Zustand befeuchtet man den Stoff mit Sprühstärke und bügelt nochmals.

Weiterverarbeitung

Die Stickerei kann ganz verschieden weiterverarbeitet werden. Sie kann als Glückwunschkarte in ein Passepartout geklebt werden. Sie kann irgendwo aufgenäht werden auf einen Rucksack oder Jeans, wenn das Material zusammenpaßt. Mehrere Bilder können zu einem Wandteppich zusammengenäht werden. Sehr gerne schneide ich den Stoff gleich in passender Größe für eine Umhänge- oder Wandtasche zu. So sind auch schon viele umweltfreundliche Einkaufs- und Freizeittaschen entstanden. Sie finden im Buch viele Beispiele als Anregung.

Fertigstellung als Wandbild

Wenn der Rahmen, wie bei vielen Beispielen im Buch zu sehen, gleich mitgestickt wird, ist die Fertigstellung als Waldbild einfach. In diesem Fall wird der überstehende Stoff nur nach hinten umgebügelt. Auf die Rückseite kann Vlieseline gebügelt oder Karton geklebt werden. Natürlich läßt sich dieses Bild ebensogut auf einer Holzplatte befestigen. Mit einem Aufhänger versehen, ist der Wandschmuck perfekt.
Sehr gut wirken Stickereien, wenn sie mit einem stärkeren Passepartout gerahmt werden (siehe S. 48). Selbstverständlich kann man die Stickerei auch im Fachgeschäft fest rahmen lassen. Oft findet sich auch ein Wechselrahmen, der gut zum Bild paßt. Dabei wirkt manche Stickerei besser, wenn das Glas wegbleibt. So kommt der textile Charakter klarer zur Geltung.

Bei dem Elefanten hat Albert fast ausschließlich Stielstiche verwendet. Die Wiese ist durch abwechslungsreich gestickte Schlingstiche entstanden.

So stellt sich Verena das Traumfresserchen vor. Die lockere Anordnung der Spannstiche bringt Bewegung ins Bild.

MONIKA
MICHA